AF245391

ÉMILE MACQUART

LES REVENDICATIONS OUVRIÈRES

et la Justice

CONFÉRENCE FAITE A REIMS

à la *Bourse du Travail*

le 25 Mars 1903.

PRIX : UN FRANC.

PARIS

LIBRAIRIE GUILLAUMIN & Cie

14, RUE RICHELIEU, 14

1904

ÉMILE MACQUART

LES REVENDICATIONS OUVRIÈRES

et la Justice

CONFÉRENCE FAITE A REIMS

à la *Bourse du Travail*

le 25 Mars 1903.

PRIX : UN FRANC.

PARIS

LIBRAIRIE GUILLAUMIN & Cie

14, RUE RICHELIEU, 14

1904

DU MÊME AUTEUR

(A LA LIBRAIRIE GUILLAUMIN)

L'Utopie coloniale. . . . . *épuisé*

Les Traités de Commerce, br. in-18. . . . . . . 0 fr. 50

L'idée de liberté et l'idée de justice, br. in-8°. . . . 0 fr. 50

Comment opérer la Réforme Électorale, br. in-8°. . 1 fr. »

Petit Catéchisme de la Représentation proportionnelle,
    br. in-18. . . . . 0 fr. 25

La Représentation proportionnelle et le système d'Hondt. *épuisé*

La Moralité des Élections et la Représentation propor-
    tionnelle (sous presse.)

Le problème de la Dépopulation. Sa solution. . . . *épuisé*

La diminution du taux de la natalité. . . . . . . *épuisé*

L'augmentation du taux de la morti-natalité, br. in-8°. 0 fr. 50

Mortalité, Natalité, et Dépopulation, br. in-8°, avec
    graphiques. . . . . 1 fr. 50

Beaugency. Imp. Laffray fils et gendre.

Les Revendications Ouvrières
et la Justice

(Conférence faite à Reims
à la Bourse du Travail, le 25 Mars 1903)

Messieurs,

Il y a longtemps que je désirais me trouver devant
vous ; et, quand je dis : devant vous, je dois vous pré-
venir très franchement que je n'entends pas tant : devant les individualités que vous êtes, que : devant
l'opinion que vous représentez. Je le désirais pour
beaucoup de raisons ; je le désirais surtout parce que,
si je ne m'abuse, nous avons sur ce que l'on appelle la
« question sociale » des idées pratiques diamétrale-
ment opposées et que, par conséquent, ce n'est pas à

des convertis ou à des indifférents, mais à des adversaires, — à des adversaires loyaux, je le sais, et bienveillants, je l'espère —, que je m'adresse ce soir. Le fait n'est pas banal, malheureusement. C'est peut-être une raison pour qu'il en résulte quelque chose d'utile. En tout cas, c'est dans cet espoir que je suis venu.

J'aborde immédiatement le sujet de cette conférence. Cependant, permettez-moi, auparavant, de détruire une prévention que vous pourriez avoir contre ma personne, car je sais qu'à vos yeux, économiste ne signifie trop souvent que « défenseur des classes possédantes ». Vous verrez tout à l'heure ce qu'il en est. En attendant, je veux vous dire ceci : vous savez qui était mon père ; plusieurs d'entre vous l'ont connu ; ceux-là savent, et vous pouvez le leur demander, combien il était resté peuple sous sa redingote bourgeoise. Mon grand-père était éclusier. Moi-même, je vis, et je ne vis que de mon travail. Ces explications étaient nécessaires. S'il pouvait y avoir en vous, tout à l'heure, la moindre prévention contre moi, j'espère qu'elles auront suffi à la disssiper.

Mais nous n'avons pas que des origines communes, que des intérêts communs ; je dis que nous avons aussi des aspirations communes, — et ici, ce n'est plus en mon nom personnel, mais c'est comme économiste que je reprends la parole — ; je dis qu'entre les socialistes que vous êtes et l'économiste que je suis, il n'y a pas autre chose que l'épaisseur d'un malentendu.

Le mal que vous dénoncez, mais nul, à moins d'être aveugle ou de mauvaise foi, ne saurait le nier. L'avenir meilleur que vous rêvez, mais nous le rêvons aussi. Et ne croyez pas que j'emploie à votre égard un artifice oratoire qui ne serait ni digne de vous, ni digne de moi. Ce que j'exprime ici, ce ne sont pas seulement mes idées personnelles, ce sont également celles des économistes que, momentanément, j'ai le périlleux honneur de représenter devant vous. Je n'en veux pour preuve que l'admirable « Lettre aux Socialistes » que publia, dans le *Journal des Economistes* du 15 juin 1848, il y a cinquante-cinq ans, le grand savant auquel je suis heureux et fier de pouvoir témoigner ici, publiquement, mon affection, ma vénération et ma reconnaissance, mon maître M. G. De Molinari.

Il y disait :

Nous sommes adversaires, et cependant le but que nous poursuivons les uns et les autres est le même. Quel est notre idéal à tous, économistes ou socialistes? N'est-ce pas une société où la production de tous les biens nécessaires à l'entretien et à l'embellissement de l'existence humaine sera la plus abondante, et où la répartition de ces mêmes biens entre ceux qui les auront créés par leur travail sera la plus juste? Notre idéal à tous, sans distinction d'écoles; ne se résume-t-il pas en ces deux mots : *abondance et justice ?*

Tel est, nul d'entre nous ne le niera, notre but commun. Seulement nous allons à ce but par des voies différentes; vous y marchez par le défilé obscur et jusqu'à cette heure inexploré de l'organisation du travail, nous y marchons par la route spacieuse et bien connue de la liberté. Chacun de nous essaie d'entraîner sur ses traces la société qui hésite et tâtonne, cherchant à l'horizon, mais en vain, la colonne de lumière qui guida jadis vers la Terre promise les esclaves des Pharaons.

Pourquoi refusez-vous de suivre avec nous la voie de la liberté? Parce que, dites-vous, cette liberté tant préconisée est funeste aux travailleurs; parce qu'elle n'a produit jusqu'à ce jour que l'oppression du faible par le fort; parce qu'elle a enfanté des crises désastreuses où des millions d'hommes ont laissé, les uns leur fortune, les autres leur vie; parce que la liberté sans frein, sans limites, c'est l'anarchie!

Eh bien! si nous vous prouvions que tous les maux que vous attribuez à la liberté, ou, pour me servir d'une expression absolument équivalente, à la libre concurrence, ont pour origine, non pas la liberté, mais le monopole, mais la servitude; si nous vous prouvions encore qu'une société parfaitement libre, une société débarrassée de toute restriction, de toute entrave, ce qui ne s'est vu à aucune époque, se trouverait exempte de la plupart des misères du régime actuel; que l'organisation d'une semblable société serait la plus juste, la meilleure, la plus favorable au développement de la production et à l'égalité de la répartition des richesses; si nous vous prouvions cela, dis-je, que feriez-vous? Continueriez-vous à proscrire la liberté du travail et à invectiver l'économie politique, ou bien vous rallieriez-vous franchement à notre drapeau, et emploieriez-vous tout le précieux trésor de forces intellectuelles et morales que la nature vous a départies, à faire triompher notre cause, désormais commune, la cause de la liberté?

Ah! certes, vous n'hésiteriez pas un instant. Si vous aviez la certitude que vous vous êtes mépris sur la cause véritable des maux qui affligent la société et sur les moyens d'y remédier; si vous aviez la certitude que la vérité est de notre côté et non du vôtre, aucune attache de vanité, d'ambition ou d'esprit de système ne serait assez forte pour vous retenir sur les rivages de l'erreur; vos âmes seraient attristées sans doute; vous diriez à regret un dernier adieu aux rêves qui ont nourri, enchanté et égaré vos imaginations; mais enfin vous les abandonneriez, ces chimères aimées, vous surmon-

teriez vos répugnances et vous viendriez à nous. Eh! mon
Dieu, nous en ferions tout autant de notre côté, si vous réus-
sissiez à introduire dans nos faibles intelligences un rayon
de cette lumière de vérité qui convertit Saint-Paul; si vous
nous démontriez que la vérité est dans le socialisme et non
dans l'économie politique. Nous ne tenons à notre système
qu'autant que nous le croyons juste et vrai; nous brûlerions
demain, sans aucune révolte intérieure, ce que nous avons
adoré, et nous adorerions ce que nous avons brûlé, s'il nous
était prouvé que nos Dieux ne sont que des misérables idoles
de bois.

Nous sommes donc les uns et les autres dégagés de tout
esprit de système, en prenant ce mot dans son acception
étroite; notre vue se porte dans une sphère plus haute, nos
pensées suivent un vol plus généreux; le vrai, le juste,
l'utile, voilà quels sont nos guides immortels dans les cercles
obscurs de la science; l'humanité, voilà quelle est notre
Béatrix...

— Après avoir reproduit ces passages à l'Appendice
de son ouvrage « Esquisse de l'Organisation politique
et économique de la Société future » paru il y a trois
ans, M. de Molinari ajoute :

Cet appel qui porte, d'ailleurs, l'empreinte de la naïveté
confiante de la jeunesse, était, comme l'événement l'a prouvé,
tout à fait prématuré. Il n'a pas été entendu, mais il est per-
mis d'espérer qu'il le sera quelque jour, et que le socialisme,
en apportant aux économistes son contingent de forces, les
aidera à surmonter les résistances des intérêts égoïstes et
aveugles, qui se mettent en travers de la transformation
nécessaire d'une organisation politique et économique qui a
cessé d'être adaptée aux conditions actuelles d'existence des
sociétés.

— Vous voyez donc que je n'exagérais pas. Nous sommes d'accord sur le mal. Nous sommes d'accord sur le but. Je vous le disais tout à l'heure et je vous le répète. Mais, si nous sommes d'accord sur le mal, nous ne le sommes pas sur le remède. Si nous sommes d'accord sur le but, nous ne le sommes pas sur la route à prendre pour y parvenir. Nous trompons-nous? Vous trompez-vous? Voilà la question, et la seule, qui se pose; voilà le point en discussion; et il faudrait pourtant admettre, — ce qu'on ne veut pas, généralement, faire, — que, de part et d'autre, la bonne foi est égale; que, s'il est possible, s'il est même probable que nous nous trompions parfois, chacun de notre côté, au moins nous ne cherchons pas à nous tromper les uns les autres.

Croyez-le, les idées généreuses ont cours aussi chez nous; et, si nous les avons exclues de nos traités, c'est que nous considérons que science et sentiment n'ont rien à voir ensemble. Comme toutes les autres sciences, la science économique observe, déduit, expose; et c'est tout. Elle n'a pas à aller plus loin. Elle n'a pas, en tant que science, à se préoccuper des conséquences des lois que nos aînés et que nos maîtres ont découvertes ou cru découvrir, et elle ne peut pas plus en être rendue responsable que la physique ne peut être rendue responsable de la chute d'une tuile détachée d'un toit et qui, conformément à la loi de la pesanteur, tombe sur la tête du passant qui se trouve au-dessous. Je m'empresse d'ajouter que les quelques lois économiques, — elles sont encore peu nombreuses, — dont nous soyons pour le moment absolument certains, n'ont rien de désespérant, au contraire : je vous assure, et j'en parle en connaissance de cause, qu'il n'est rien au monde qui vous ouvre des horizons plus clairs, plus réconfortants ; car elles nous disent qu'il n'est pas vrai que le mal soit dans la nature des choses et que nous n'y puissions rien, mais que le mal est en nous, et que, s'il est vain de penser à le guérir, — car la perfection reste malheureusement au-delà des forces humaines, — il est possible et facile de l'atténuer, immédiatement ; elles nous disent que tous les intérêts légitimes sont harmoniques et que les perturbations sociales dont nous souffrons nous sont dues, sont dues à ce que ces intérêts légitimes ont été méconnus, froissés, lésés. Et j'en arrive, par un détour, au cœur même de mon sujet : Vos intérêts sont méconnus, froissés, lésés ; ils le sont, notamment, par l'impôt féodal, que vous subissez toujours et qui n'a été aboli que de nom ; ils le sont par le régime de spoliation légale, que vous avez, hélas ! contribué à édifier, et dont vous êtes les premières victimes. Vous vous révoltez, et vous avez raison ; mais vous réclamez, et là vous avez tort, non pas simplement que vos intérêts soient reconnus et respectés ; vous réclamez, vous aussi, une part de privilège ; vous demandez, à votre tour, à profiter de la spoliation. Je m'explique :

Parmi les revendications ouvrières figurent au premier rang la limitation des heures de travail, la fixation d'un minimum de salaire, des retraites pour vos vieux jours. Ah ! je ne comprends que trop, par toutes les nuits

que j'ai passées à couvrir de traits noirs des morceaux
de papier blanc, que vous réclamiez la limitation des
heures de travail. Je ne comprends que trop, par les
articles, qui sont mes produits, à moi, et que j'ai dû livrer
parfois à des prix de famine à des directeurs de jour-
naux rapaces, — des articles où j'avais mis, je vous
promets, un peu de mon cerveau et beaucoup de mon
cœur —, que vous réclamiez un minimum de salaire.
Je ne comprends que trop votre angoisse, qui est aussi
la mienne, devant l'avenir incertain. Je les comprends ;
et ce m'est douloureux de venir ici les combattre. Il
faut cependant bien que je vous dise que c'est un privilège que vous réclamez en demandant que la loi vous
assure, pour vos vieux jours, des retraites qu'elle n'ac-
corderait pas également à tous les citoyens ; c'est un privilège que vous réclamez en demandant que vos heures
de travail soit limitées par la loi, qui ne limiterait pas
celles des autres ; c'est encore un privilège que vous
réclamez en demandant à la loi d'assigner un minimum
à vos salaires, si nous ne devons pas jouir tous d'une garantie analogue ; — des privilèges injustes, — tous les
privilèges le sont — ; mais, ce qui est pis : des privilèges illusoires... Permettez-moi de m'expliquer. Je
dis : des privilèges illusoires ; illusoires d'abord, parce
la loi ne peut pas plus déterminer votre salaire que
changer un homme en femme et réciproquement ; illusoires surtout parce que vous êtes le nombre, parce
que vous êtes la masse ; parce que s'il est possible, s'il
est fréquent, s'il est même malheureusement constant,
— et vous en êtes la preuve —, de voir une majorité

opprimée et exploitée par une minorité, le contraire ne se conçoit pas.

— Vous me parlez d'égalité? Messieurs, n'oubliez pas qu'il y a deux sortes d'égalité. Si vous vous appartenez à vous-mêmes, je demande à m'appartenir à moi-même; voilà l'égalité dans la liberté. Si la loi vous donne le moyen de me rançonner, je demande qu'elle me donne le moyen de vous rançonner à mon tour; voilà encore l'égalité, mais, cette fois, dans l'oppression. C'est cette dernière que vous réclamez. Je ne vous le reproche pas. Puisque la loi élève artificiellement le prix de votre pain, de votre viande, de votre logement, de votre vêtement, elle devrait bien aussi élever le taux de votre salaire. Elle ne le peut pas. Mais, le pourrait-elle, je dis que deux injustices même d'importances rigoureusement égales, l'une imposée, l'autre subie, n'ont jamais pu et ne pourront jamais arriver à faire une justice tout court. Je dis que ce n'est pas une solution, si Paul veut bâtonner Pierre, que Pierre demande à bâtonner Paul, et qu'il serait bien plus simple qu'aucun des deux ne bâtonnât l'autre. Je dis que ce n'est pas une solution, pour vous qui êtes actuellement exploités et spoliés, de demander à faire subir pareil traitement à ceux qui vous spolient et vous exploitent, et qu'il serait bien plus simple qu'aucun des deux n'exploitât et ne spoliât les autres.

Au lieu de subir des privilèges et, par contre, d'en vouloir aussi, que ne demandez-vous pas leur abolition? Au lieu de dresser injustice contre injustice, que ne réclamez-vous pas tout simplement la justice; que ne l'exigez-vous pas de cette « classe bourgeoise » que peut-être en vous-mêmes vous m'avez accusé tout à l'heure de défendre, et que je défends si peu que je l'accuse, au contraire, d'être la cause, parfois inconsciente, de presque tout le mal dont vous souffrez; que j'accuse d'avoir rétabli contre vous l'ancien droit féodal, et de faire servir la loi, cette loi qui devrait être notre suprême garantie et notre dernière sauvegarde, à rogner sur vos maigres salaires pour grossir indûment ses profits.

Certes, vous travaillez trop et vous ne gagnez pas assez. Je revendique avec vous et pour vous, moins de travail et plus de salaires. Mais je ne demande pas pour cela de nouvelles réglementations, de nouvelles mesures de police, de nouvelles lois; nous en avons trop; elles nous étouffent. Je repousse les réformes que vous réclamez, — qu'on réclame en votre faveur —, car elles n'auraient et ne peuvent avoir pour effet, sinon pour but, que de vous donner le change, que d'endormir en les amoindrissant à peine, si tant est qu'elles les amoindissent, des maux dont vous êtes en droit d'exiger la disparition immédiate, — et possible, car ces maux sont artificiels. Je repousse tous les privilèges, injustes comme ils le sont tous, et de plus illusoires, dont on vous berce, ou par lesquels on vous berne. Je demande une solution plus simple, plus rapide, plus efficace surtout : je demande que désormais on vous laisse, — et ma foi, tant pis, je lâcherai le mot : ce qu'on vous vole !

Ces paroles vous étonnent? Elles étaient inattendues n'est-ce pas, dans la bouche d'un économiste, c'est-à-dire par définition, d'un « défenseur de la classe bourgeoise » Voilà le malheur; nous ne nous connaissons pas, ou si peu, ou si mal! Sans cela mes paroles ne vous étonneraient pas : elles ne sont que la répétition de ce que bien des économistes ont dit et répété depuis très longtemps, et exactement dans les mêmes termes, notamment un homme que vous et les vôtres apprendrez un jour à connaître et à aimer : Frédéric Bastiat.

Il y a un demi-siècle que Bastiat est mort. Mais la question n'a pas changé de face. Le problème dont l'élucidation a usé jusqu'à ses dernières forces subsiste en son entier, avec cette différence, toutefois, qu'il se pose maintenant d'une façon plus grave et plus impérieuse encore qu'il y a cinquante ans. Ce problème qui, à première vue, va vous sembler sans doute étroit, secondaire et mesquin, alors qu'il est presque, pour vous, une question de vie ou de mort, peut être résumé en deux mots : libre-échange ou protection.

Vous savez tous en quoi consiste le protectionnisme. Je n'insisterai donc pas. Ce sur quoi je veux simplement attirer votre attention, c'est sur ceci : le protectionnisme aboutit toujours à un profit contre deux pertes.

Par exemple, supposons, — toutes les suppositions sont permises — , que nous vivons sous un régime de liberté commerciale, c'est-à-dire que tous les produits du monde peuvent entrer librement en France, sans avoir, à la frontière, de droits de douane à supporter. J'ai cinq francs à dépenser, et je puis, moyennant ces cinq francs, me procurer deux objets dont il se trouve que j'ai précisément besoin : un couteau, qu'un fabricant anglais m'offre pour 2 fr. 50, et un chapeau de même prix. Je vous prie de constater avec moi que, sous un régime de liberté commerciale, je puis, — nous pouvons tous avoir pour cinq francs et un couteau et un chapeau. Cette constatation a son importance, comme vous allez le voir.

C'est que je vais maintenant supposer que les patrons couteliers de France et de Navarre, outrés de me voir acheter des couteaux anglais, vont demander — sous prétexte de nous « préserver de l'invasion des produits étrangers », et de « protéger le travail national » —, que la loi frappe par exemple d'un droit de douane de 2 fr. 50 par pièce à leur entrée en France les couteaux étrangers. Il y parviennent. Résultat :

D'abord, il est bien évident que si les couteaux étrangers valant 2 fr. 50 doivent dorénavant payer à leur entrée en France 2 fr. 50 de droits, ils ne pourront plus s'y vendre que 2 fr. 50 $+$ 2 fr. 50 $=$ 5 francs ; et il s'ensuit que les couteliers français vont immédiatement porter à ce taux ou à peu près le prix de vente de leurs couteaux. J'ai besoin d'un couteau ; je le paie 5 francs alors qu'autrefois je ne l'aurais payé que 2 fr. 50. L'industrie coutellière profite de ce supplément de prix de 2 fr. 50 que je suis contraint de lui verser ; elle est encouragée dans la mesure de ces 2 fr. 50 ; c'est entendu.

Mais il y a une industrie qui est découragée dans la même mesure de 2 fr. 50 : l'industrie des chapeaux, à laquelle il ne me reste plus rien à donner, puisque l'industrie coutellière m'a pris la totalité des 5 francs dont je disposais.

Jusqu'ici, par conséquent, les choses se balancent : grâce au droit de 2 fr. 50 frappant les couteaux, une industrie française a été encouragée dans la mesure de ces 2 fr. 50, et une autre industrie française a été découragée dans la même proportion. Nous avons, là un profit, et, ici, une perte équivalente, — la première perte. Il en existe en effet une seconde, de même importance : c'est celle que moi, consommateur, je subis.

Autrefois, en effet, j'avais pour mes 5 francs, un couteau et un chapeau ; maintenant je n'ai plus qu'un couteau, et pas de chapeau. Cette belle combinaison me fait perdre un chapeau, ou sa contre-valeur, soit 2 fr. 50. Généralisez mon raisonnement, et vous verrez que le système dit protecteur aboutit bien à quelque chose, certes; mais, ce quelque chose, c'est une déperdition de la richesse générale.

Or, cette déperdition de richesses, il faut nécessairement qu'elle retombe sur quelqu'un.

Il est vrai que les législateurs protectionnistes, qui eux profitent, évidemment, de la loi faite par eux à leur profit, affirment que la classe ouvrière, non seulement n'entre pas en participation de la perte définitive, mais encore bénéficie par ce régime. C'est exactement comme s'ils disaient : « Nous qui faisons la loi, voulant procurer à la classe ouvrière un profit extra-naturel, nous nous infligeons encore une seconde perte égale à tout le bénéfice que nous prétendons conférer aux ouvriers ».

Je demande avec Bastiat : Y a t-il aucune vraisemblance que les législateurs aient agi ainsi ?

Quittons les généralités.

Combien gagne l'ouvrier par heure. Le taux de 0 fr. 50 est supérieur à la moyenne. Ah ! l'on parle de la diminution des heures de travail ; on demande des réglementations, des mesures de police, des lois ! Mais, — et je vous demande la permission de rappeler ici ce qu'écrivait récemment encore un économiste dont je m'honore d'être le disciple fervent, Yves Guyot :

Mais le moyen efficace de réduire librement l'obligation, pour l'ouvrier, de travailler pendant une ou deux heures supplémentaires par jour, le moyen de lui assurer, avec la diminution des heures de travail, l'intégralité de son salaire, c'est d'enlever les 0 fr. 25 de droits qu'il est obligé de payer par kilo de lard, et qui représentent au moins une demi-heure de travail ; c'est d'enlever les 0 fr. 14 qu'il est obligé de payer par pain de 2 kilos, et qui deviennent facilement 0 fr. 20, 0 fr. 25, et plus même, s'il a une famille de quatre ou cinq personnes. Un kilo de lard et 3 ou 4 kilos de pain, et voilà une heure de travail absorbée complètement par les droits de douane. Pendant cette heure, l'ouvrier n'a pas travaillé pour lui, pour sa famille ; il a travaillé pour acquitter l'impôt féodal destiné à augmenter ou à garantir les revenus du propriétaire foncier.

Est-ce tout ? Non. S'il veut de la morue, il faut qu'il paie 0 fr. 60, plus d'une heure de travail, pour un kilo de morue salée, au tarif général, et 0 fr. 48 au tarif minimum. Voilà une heure de travail absorbée par un kilo de morue, qui, en Norvège, vaut 0 fr. 03 ! Veut-il une paire de bottines, il commence par payer 2 fr. 50 à la douane, cinq heures de travail, pour une paire de chaussures que les Américains lui offrent au prix de 5 francs. A-t-il besoin de draps ou de chemises en coton? Pour les plus communs, on lui fera payer au moins 0 fr. 62 le kilo. Encore plus d'une heure de travail payée pour garantir le bénéfice des filateurs et des tisseurs de coton. Veut-il du coutil, il devra employer deux heures. Pour un chapeau de feutre, de paille, il paye 0 fr. 75 à la douane, une heure et demie de travail. Le pétrole, que l'américain paie 1 franc les neuf litres, ne parvient à l'ouvrier français que surchargé d'un droit de 0 fr. 15 le litre au tarif minimum, soit plus d'un quart d'heure de l'heure payée 0 fr. 50.

Un certain nombre de quarts d'heure, de demi-heures, d'heures du travail quotidien de tout salarié sont donc employés à acquitter l'impôt protectionniste, l'impôt féodal, destiné, non à des services publics, mais à des rémunérations de particuliers, propriétaires ou industriels.

— Faites le calcul de ce que vous payez ainsi; vous serez épouvantés.

Ne parlons que du pain. Le blé, à son entrée en France, est frappé d'un droit de 7 francs. En 1900, nous avons importé 8 millions de quintaux de blé. Le contribuable français a donc payé 56 millions à la Douane ; contre ces millions-là je ne dis rien, car ils sont entrés dans la caisse du Trésor public. Mais d'autre part, le droit de 7 francs a joué sur les 70 millions de quintaux de blé qui ont passé sur les marchés, et dont le prix s'est trouvé relevé d'autant. Sept fois soixante-dix, cela fait quatre cent quatre-vingt-dix; — 490 millions d'impôt prélevés, non plus cette fois par l'État et à son profit, mais par les gros propriétaires fonciers, et à leur profit, sur les consommateurs de pain, c'est-à-dire sur nous tous.

J'ai dit intentionnellement les « gros propriétaires fonciers », et je tiens à ces mots « gros propriétaires », car il ne faudrait pas que vous croyiez, comme on ne manquera pas de vous l'insinuer, que le droit de 7 fr. protège l'agriculture en général et les petits agriculteurs en particulier. L'enquête agricole de 1892 démontre de la façon la plus décisive que ce n'est qu'au profit d'une petite minorité qu'a été établi le droit sur les blés.

Relativement à l'ensemble du territoire agricole, la culture des céréales ne représente pas tout à fait 30 0/0, soit moins du tiers de la superficie. Elle comprend des exploitations d'importances très diverses. Voici les petites exploitations de moins d'un hectare. Est-ce qu'elles vendent du blé ? Ceux qui les exploitent en achètent. Par conséquent, le droit de 7 francs pèse sur eux. Ces exploitations sont au nombre de 2,235,000. Celles de 1 à 10 hectares vendent-elles du blé ? Leurs propriétaires ou leurs fermiers sont susceptibles d'en acheter. Avec l'assolement triennal, elles ne peuvent guère avoir, en moyenne, plus de deux hectares de blé. S'ils rendent 17 hectolitres à l'hectare, équivalant à 76 kilos, chacune de ces exploitations peut donc donner 26 quintaux 1/2 de blé. Or, vous savez qu'un kilo de blé rend, à peu de chose près, un kilo de pain ; la consommation d'une famille de cinq personnes étant de 200 à 300 kilos par tête et par an, il ne resterait, par conséquent, pour le marché, qu'une douzaine de quintaux ! La belle affaire ! Et j'exagère ; car ce ne sont pas ces petites exploitations qui produisent du blé. Ce n'est point pour leurs propriétaires et pour leurs fermiers que le droit de 7 francs est établi ; c'est pour les 711,000 propriétaires de la moyenne propriété de 10 à 40 hectares et pour les 138,000 propriétaires de la propriété au-dessus de 40 hectares, qui représentent ensemble près de 37 millions d'hectares, tandis que les 4,800,000 petits propriétaires ne possèdent pas, ensemble, 12 millions et demi d'hectares. Pour 100 propriétés au-dessus de 10 hectares, il y en a 565 au-dessous. La prétendue protection agricole s'exerce, en fait, au détriment de ces 565 petits propriétaires, et au profit de cette centaine.

De même, les droits sur le bétail n'ont été établis qu'au profit des moyens et des grands propriétaires, qui forment une petite minorité. De 1884 à 1900, nous avons payé 764 millions de francs de bonis et de primes, — 87 millions pour le seul exercice 1899 ! — aux fabricants de sucre qui sont exactement 334, et qui nous font payer le sucre trois fois plus cher qu'il ne vaut. A peu près toutes les denrées que nous consommons, tous les produits que nous utilisons, ont leurs prix artificiellement surélevés dans des proportions analogues. L'impôt protectionniste, l'impôt féodal, que vous payez, et qui est destiné, non pas à des services publics, mais à augmenter ou à assurer les bénéfices de particuliers, propriétaires ou industriels, se chiffre pour vous, chaque année par plusieurs milliards.

« Ce n'est que parce que le salarié français n'a pas connaissance de cet état de choses, dit Yves Guyot, qu'il reste indifférent à la question douanière ; mais elle pèse sur lui... Le jour où il comprendra, il réclamera son salaire intégral. »

— Ah! comme vous serez forts, ce jour là; comme vous serez puissants, et que le succès de vos revendications sera proche, le jour où, au lieu de demander des privilèges, — des privilèges illusoires, — vous vous bornerez à réclamer le droit de troquer librement votre travail contre du pain; — lorsque vous affirmerez votre volonté formelle de toucher désormais votre salaire intégral, sans en laisser rogner la plus grande partie, pour des raisons égoïstes et spécieuses, par tous les parasites qui vivent actuellement de vous et sur vous; — lorsque vous déclarerez, sans violences inutiles, mais aussi sans ambages, que vous entendez désormais ne plus travailler que pour vous et pour les vôtres, et que le beau temps des heures supplémentaires et gratuites est passé.

On ne doit d'impôt qu'à l'État.

Les estomacs ne sont pas faits pour le blé, mais le blé pour les estomacs

Subissant la concurrence dans vos ventes, vous devez pouvoir en profiter dans vos achats.

— Voilà trois principes qui devraient être la base de vos revendications légitimes. Dans le domaine des chimères, vous serez toujours battus, et si un jour vous ne deviez pas l'être, alors vous seriez dupes; — cantonnés sur le terrain que je vous indique, il n'est pas de forcé au monde qui puisse vous résister.

A condition, toutefois, que vous soyez aussi persé-
vérants que vous pouvez être énergiques; car, comme
l'a, hélas! très exactement constaté l'un des vôtres,
Villegardelle : « Ce n'est qu'à la dernière extrémité que
les pouvoirs établis consentent à être justes ».

27 juillet

www.ingramcontent.com/pod-product-compliance
Lightning Source LLC
Chambersburg PA
CBHW061800060726
47597CB00007B/3040